33

33

초판 1쇄 발행 2025. 3. 31.

지은이 효박
펴낸이 김병호
펴낸곳 주식회사 바른북스

편집진행 박하연
디자인 양헌경

등록 2019년 4월 3일 제2019-000040호
주소 서울시 성동구 연무장5길 9-16, 301호 (성수동2가, 블루스톤타워)
대표전화 070-7857-9719 | **경영지원** 02-3409-9719 | **팩스** 070-7610-9820

•바른북스는 여러분의 다양한 아이디어와 원고 투고를 설레는 마음으로 기다리고 있습니다.

이메일 barunbooks21@naver.com | **원고투고** barunbooks21@naver.com
홈페이지 www.barunbooks.com | **공식 블로그** blog.naver.com/barunbooks7
공식 포스트 post.naver.com/barunbooks7 | **페이스북** facebook.com/barunbooks7

ⓒ 효박, 2025
ISBN 979-11-7263-287-8 03810

•파본이나 잘못된 책은 구입하신 곳에서 교환해드립니다.
•이 책은 저작권법에 따라 보호를 받는 저작물이므로 무단전재 및 복제를 금지하며,
이 책 내용의 전부 및 일부를 이용하려면 반드시 저작권자와 도서출판 바른북스의 서면동의를 받아야 합니다.

서른두 번의 사계절을 지나
마침내 서른세 번째 봄

33

효박 지음

바른북스

33

목차

- 009　늘 행복
- 010　흔들리지 않고 피는 꽃
- 011　빛을 따라 걷다 보면
- 012　위로
- 013　아이들에게
- 014　희망 미용실
- 015　새벽녘
- 016　황금 미소
- 017　속
- 018　비행기 여행
- 019　할매 바람
- 020　별 반찬
- 021　맞닿으면
- 022　무해한 세상
- 023　민들레
- 024　안 가본 길
- 026　거기, 머무르다
- 027　사랑하는 우리 엄마
- 028　꽃샘추위
- 029　해 질 녘
- 030　무지개꽃
- 031　거슬러, 거슬러
- 032　제비야 제비야

- 034　저 하늘, 위로
- 035　특별한 선물
- 036　소울메이트
- 037　나이
- 038　제주 할망의 창고
- 039　아무것도
- 040　이별하는 법을 몰랐다
- 041　톡 톡 톡
- 042　대중목욕탕
- 044　별거 없는 하루
- 045　아기 천사
- 046　오일장
- 049　상상(想像)
- 050　글 그리고 길
- 052　친구 매화에게,
- 053　만원 버스
- 054　오늘도 안녕
- 055　흐르고 흐르다 보면
- 056　,(쉼) 그리고
- 058　삶의 문
- 060　좋은 걸 어떡해
- 061　어제보다 오늘
- 062　역주행

063	마법의 힘	090	엄마의 사모곡
064	세월이 약이겠지요	091	돌멩이
066	행복을 그립니다	092	12월
067	살아간다는 건 살다가 가는 것	093	쉼
068	핑크색 운동화	094	나를 사랑하는 일
069	서울살이	095	제철 인생
070	미술 수업	096	태양의 꽃
071	야속한 세월	098	뒷집
072	그래도 괜찮다	100	웃음꽃
073	해녀 어멍	101	봄이 왔어요
074	더할 나위 없는 하루	102	우리는 화가입니다
075	말 한마디	103	거울 속 위로
076	아빠의 옷장	104	백지
078	심(心)심(心)풀이	105	소나무 2
079	소나무 1	106	얄미운 여름
080	열 번째 봄	107	푸바오에게
082	고통은 두려움이 아니야	108	울 엄마
083	빼꼼, 빼꼼	109	한 마리의 나비처럼
084	나 혼자	110	생일
085	감사합니다	111	기억을 기록하는 자
086	비 내리는 월요일	112	연탄 이야기
088	나의 사람들에게	113	내 마음 별과 같이
089	겨울 바다	114	식곤증

- 115 겨울비
- 116 할매의 바느질
- 118 입보다 귀
- 119 큰언니 시집가던 날
- 120 마음의 봄
- 121 그리움을 위한 시
- 122 크리스마스
- 123 불러봅니다, 불어옵니다
- 124 나인 것을
- 125 비로소
- 126 딸기
- 127 기다려도 좋아
- 128 인연(因緣)
- 129 이별
- 130 상처
- 131 별이 되어
- 132 33(삼삶)

늘 행복

어느 날 문득 행운이 찾아온다면
그 기쁨은 이루 말할 수 없을 것이다

하지만 난,
내 삶에 행운이 오길 바라는 것보다
내 삶이 오래도록 영원히 행복하길 바란다

행복이 그리도 가득하니
행운은 뒤따르는 것이지 않을까

늘 행복하니 그것이 바로 행운이지 않을까

세잎클로버가 있기에
네잎클로버가 더 빛나는 이유일 듯하다

모두에게 행복과 행운이 가득하기를

흔들리지 않고 피는 꽃

봄에 부는 샛바람에도 흔들
여름에 부는 마파람에도 흔들
가을에 부는 하늬바람에도 흔들
겨울에 불어오는 윗바람에도 흔들

흔들리지 않고 피는 꽃은 없다

사계절 내내 때마다 불어오는
저마다의 바람에 비록 흔들릴지라도
끝내 향기로운 꽃을 피운다

흔들리지 않고 피는 꽃은 없다

어떠한 역경에 흔들릴지라도
참고 버티고 버티다 보면
마침내 꽃을 피울 수 있을 것이다

지금 흔들려도 좋다
흔들려야 꽃을 피울 수 있다

빛을 따라 걷다 보면

아빠는 나에게 빛이었어요
그 빛은 늘 나를 애지중지 지켜주었고
빛은 나에게 오롯이 행복만을 안겨주었어요

빛을 따라 걷다 보면
세상 속 많은 경험을 할 수 있었고
빛과 함께일 때면 내 마음은 따스했지요

내 길을 밝혀주던 빛이 있었기에
나는 더 빛나는 사람이 될 수 있었어요

나의 빛은 사라지지 않아요
낮에는 눈 부신 햇살로 날 밝혀주며
밤에는 반짝이는 별이 되어 날 밝혀준답니다

빛은 내 마음속 깊은 곳까지 스며들어
끝없이 날 지켜주고 나를 일으켜 세워주어요

아빠는 이 세상 가장 든든한 빛이랍니다

위로

해가 뉘엿뉘엿
고단함이 몰려올 때쯤,

세상을 둘러보았다
노을 진 하늘 속
새들이 훨훨 날아다닌다

세상을 둘러보았다
커다란 나뭇가지 사이로
잎사귀들이 오순도순

가만히 바라만 보아도
위로가 되는 세상 속 그림들

세상을 가만히 들여다보면
위로가 되는 뜻밖의 순간들을 마주한다

참 감사한 일이다

아이들에게

아이야 맘껏 웃어라
아이야 힘껏 달려라

너희들의 웃음에 세상이 밝아지고
너희들의 걸음에 세상이 움직인단다

아이야 내가 더 선한 영향력을 끼칠 수 있도록
아이야 내가 더 좋은 어른이 될 수 있도록

우리 모두가 더 많이 노력하고 지켜줄 테니

아이야 그대들은 걱정에 매달리지 말고
그저 더 많이 웃고 더 힘차게 달려나가길 바란다

희망 미용실

오늘도 희망 미용실 안은
사람들로 북적북적거린다

손님들은 머리에 수건을 두른 채
양푼이 속 가득, 따끈한 꽁보리밥에
구수한 된장찌개에 무생채 한 움큼 넣고
슥슥슥 잘도 비빈다 웃음이 슥 새어 나온다

외로움에 홀로 지새우던 이들도
이곳에서는 모든 것이 든든하다

인심 좋은 사장 덕분에 따스한 정이 오간다
허전하고 메말라가는 마음이 뜨겁게 차오른다

온정을 나누었기에 그곳엔 희망이 있었다

새벽녘

찬 공기가 콧속을 마구 파고드는 새벽녘
아직 어둠이 채 가시지 않은 시간
가로등 불이 여전히 길을 밝힌다

출근길에 오르는 자동차 불빛들이
한강대교로 넘실넘실, 노란 물결이 일렁거린다

날이 밝기 전
잠시나마 느낄 수 있는 이 시간
나른한 고요함이 넘실댄다

고요함 사이로 찬바람이 스친다
점점 겨울의 온도가 느껴진다
저 멀리 동이 트기 시작한다

황금 미소

하루 종일 서 있느라
고되지는 않을까

하루 종일 쫓아내느라
버겁지는 않을까

누군가의 희생이 있었기에
빛을 발할 수 있는 순간들

고맙습니다 참 고맙습니다

무르익어가는 황금 들판
사르르 금빛 미소가 번진다

속

만두는 속이 꽉 찰수록 제맛이다
사람도 속이 꽉 찰수록 제격이다

비행기 여행

비행기는 말이죠
내 사랑하는 이들이 있는
하늘 가까이 다가갈 수 있게 해주어요

뭉게뭉게 새하얀 구름들 사이로
짠 하고 얼굴을 보여주면 좋겠어요

보고 싶은 그 얼굴들 다시 만났으면 좋겠어요

내가 하늘 위까지 올라왔어요
꼭꼭 숨었는지 왜 보이지 않나요

왜 그리도 멀리멀리 가버렸나요

우리 다시 만나는 날 짠 하고 나타나주세요
다시 꼭 안아주세요

할매 바람

곱게 물든 노을 유난히 예뻤던 날
머릿결 사이로 바람이 일렁이었다

마지막 인사를 내게 전하듯
가슴 더 깊숙이 일렁이었다

'괜찮다 괜찮다 할매는 괜찮다'
눈물방울을 거두며 속삭이었다
'괜찮다 괜찮다 할매는 이제 다 괜찮다'
할매 바람이 나를 꼬옥 감싸안았다

노심초사 평생 가족의 안녕을 바랐던
따스한 할매의 품이 그립고 또 그립다

할매 할매 우리 할매 보고 싶은 나의 할머니
고이 보내드리오니 다시금 곁에 머물러주길

살랑 살랑 살랑 불어온다
할매 바람 오늘도 안녕 내일도 안녕

별 반찬

보글보글 구수한 된장찌개
김이 모락모락 피어나는 하얀 쌀밥
빨간 고추장 옷 입은 멸치볶음
뭐 별 반찬 있는가 한데 모이니
이것이야말로 진수성찬

생글생글 오늘도 즐거운 이
터덜터덜 근심 걱정 가득한 이
글썽글썽 그리움에 사무친 이
뭐 별사람 있는가 한데 모이니
이것이야말로 사람 사는 세상이지

별의별 사람 모여 인생을 요리하네

맞닿으면

별과 별이 맞닿으면
이 세상 모든 것들이 반짝 빛이 날 테야

너와 내가 맞닿으면
이 세상 모든 날들이 너무나 행복할 테야

서로가 맞닿을 때 우리는
세상 가장 아름다운 순간을
마주할 수 있을 것이다

아주 눈부시게 그리고 찬란하게

무해한 세상

그렇게 잘 살 필요 없다
그렇게 이기적일 필요는 없다
그렇게 배려 안 할 필요도 없다

비록 잘 살 필요는 없지만
나 몰라라 나만 생각하는
그런 팍팍하고도 얕은
세상 속에서 살고 싶진 않다

조금이나마 온정이 오가는
깊은 따뜻함 속에서 살아가는 것이
진정 좋은 삶이 아닐까

무해한 세상 속에서 살고 싶다

민들레

동네 곳곳 피어난 노란 민들레

꽃무늬 자가용 나가신다 길을 비켜라
마을회관 앞 주차장은 늘 만차
분호할매, 정분이할매, 두선이할매, 태연이할매
꽃차만 봐도 누가 왔는지 다 알 수 있지

말랑말랑 고무신
밭일할 때도 신고, 산나물 캐러 갈 때도 신지
기다란 요술 지팡이
고장 난 굽은 허리도 잘 걸을 수 있게 도와주지

아이고 곱다 민들레야
너를 보니 또 한 계절이 바뀌었구나
세월아 세월아 너무 덧없이 가지 말거라

날이 좋으니 이 내 마음도 정말 좋구나

후 불면 날아가는 민들레 홀씨야
나도 훨훨, 너도 훨훨 덩실덩실 춤을 추자

안 가본 길

당신과 함께 거닐던 돌담길에
또 한 아름 꽃이 피었소

당신 홀로 평생 안 가본
그 길을 떠나보내고 나니
나는 수많은 걱정에
뜬눈으로 밤을 지새우기도 하고
하루에도 수백 번, 수천 번
억장이 무너져 내려지기도 해

돌담길을 걷는 이 밤
활짝 핀 꽃 사이로 달빛이 스며드는 걸 보니
당신의 그림자가 더욱 그리워지는 봄밤이오

나는 안 가본 그 길, 당신 먼저 떠난 그 길
언젠가 우리 그곳에서 다시 만납시다
꽃이 가득 핀 그 길 문턱에서 내 손을 꼭 잡아주시오
그리웠던 두 손 마주 잡고 당신과 함께 걷고 싶소

다시 함께하는 그날을 기다리며
또다시 찾아올 우리의 봄날을 기다리며

달밤이 내려앉은, 그리움이 내려앉은
이 돌담길에서 당신에게 안부를 전합니다

거기, 머무르다

머물겠습니다
내 도움의 손길이 필요한 그곳에

머물겠습니다
길가에 버려진 작은 생명에게도

머물겠습니다
메말라가고 있는 나무 한 그루에게도

머물겠습니다
지치고 힘든 그대들에게
내가 버팀목이 되어주겠습니다

늘 그 자리에 머물러 있겠습니다

사랑하는 우리 엄마

엄마라는 이름은
늘 따뜻하고 포근해요

엄마를 생각하니
웃음이 나요 하지만 코끝이 찡해져요

엄마는 말이에요
곁에 있어도 자꾸만 부르고 싶어요

엄마는 왠지 모르게
항상 보고 싶은 사람이에요

엄마가 행복하면 나도 행복해요
엄마랑 오래오래 함께하고 싶어요

엄마 고마워, 엄마 사랑해

꽃샘추위

자꾸만 오려다 만다
금방이라도 닿을 것만 같았는데
또다시 멀어져만 간다

두 팔 벌려 기다리고 있다
두 팔 감싸안고 움츠린다

올락 말락, 닿을락 말락

꽃샘추위는 얄미운 변덕쟁이
봄이 오는 걸 시샘이라도 하나보다

'봄아, 꽃샘추위가 가버리면 우리 만나기로 해'

해 질 녘

해가 진다는 것은
하루가 끝나간다는 것

해가 진다는 것은
또 다른 내일이 다가오는 것

오늘 유독 해가 빠르게 지는 걸 보니

낮 동안 하늘에 떠 있느라 꽤나 힘들었나 보다
해도 빨리 쉬고 싶은가 보다

해 질 녘에는
해도, 사람도 모두 집으로 돌아가는 시간

무지개꽃

촉촉이 여우비 스쳐 지나던 오후
하늘 높이 무지개꽃이 피었소

당신에게 안부를 전해봅니다
당신, 잘 지내오
당신, 벅차게 그립소

알록달록 일곱 빛깔이 참으로 곱구려
마치 당신의 고왔던 미소와 꼭 닮았구려

당신이 곁에 머물렀던 그 시간들
빛나고 찬란했던 모든 순간들이
고스란히 내 마음속에 남아 있소

저 고운 빛을 보니
당신 생각에 무수한 먹먹함이 차오르오

당신, 보고 싶소 참으로 보고 싶소
당신, 안녕히 잘 계시오

고생 많았소 당신, 많이 사랑하오

거슬러, 거슬러

나는 나를 찾기 위해
거슬러 올라가려 한다

마냥 물 흐르듯
흘러가는 대로만 살아왔지만

진정한 나를 되찾기 위해
한 마리의 연어가 되어
다시 강을 거슬러 올라가 보려 한다

비록 힘들고 어려운 길일지라도
이제껏 흘러온 길이니 너무 두려워하지 말고
다시금 천천히 거슬러 올라가 보자

거슬러 오른 그 지점에서
진짜 나를 되찾아 다시 출발해 보자

부디 초심을 잃지 않고, 꼭 첫 마음을 기억하면서

제비야 제비야

수십 년째 여름 무렵이면
우리 집 처마 아래 지저귀는 제비들

보금자리 마련을 위하여
날갯짓이 파드닥 아주 바삐 움직이네

도통 어디서 구해오는지
지푸라기 한 모이씩 부지런히 나르기도 하지

저리 바삐 왔다 간들
어느 세월에 둥지를 틀까 싶네
둥지를 틀어야 새끼를 낳을 텐데

도와주고 싶은 맘이 저만치 앞서네

몇 날 며칠 쉬지 않고 왔다 갔다 하니
꽤 그럴듯한 집 한 채가 일구어졌구나

이제 안락한 집도 생겼으니
부디 순산하길 부디 무탈하길

지지배배 우렁찬 제비 우는 소리

제비네 식구가 늘어난 소리

우리 집 처마 아랫집에서
제비 식구 편히 지내다 가려무나
늘 그랬듯 또다시 돌아오길

제비야 제비야 꼭 다시 만나자

저 하늘, 위로

힘이 들고 울적한 날에는
괜스레 하늘을 쳐다보게 된다

그렇게 하늘을 뚫어지게 바라보면
비로소 마음이 나아지곤 한다

하늘은 그렇게 날 위로해 준다
저 푸르른 하늘은 내 마음의 안식처

특별한 선물

선물을 전하기 위해서는
오롯이 2년을 기다려야만 한다
올해도 그대들에게 안부를 전하며
어김없이 긴 머리카락을 내어주었다

나의 선택이
더 선한 방향으로 흐를 수 있도록
가슴이 시키는 일을 계속할 수 있도록
물이 흐르듯 살진 못해도
마음속에 흐르는 물을 따라갈 수 있도록
그 물들이 차올라 마음속 깊은 곳에
물결이 일어나기를 간절히 바라본다

부디 내 작은 나눔이 어린 그대들에게
희망으로 닿을 수 있기를 바라며
천사 같은 그대들이 웃음 잃지 않기를 바라며

이 세상 모든 환아들을 응원합니다

소울메이트

너를 좋아하는 데에 이유는 없다
오직 너라서, 오로지 그대이기에

너와 함께할 때면 폭신한 구름에 안긴 것마냥
내 마음이 부드럽고 포근해진다

너와 함께 길을 거닐 때면 따뜻한 온기가
내 몸과 마음을 따스히 녹여준다

나의 하루에 네가 있어주어 고맙다
나의 인생에 우리가 함께할 수 있어 참 감사하다

내 영혼의 단짝 그대여, 오늘도 사랑합니다

나이

이제는 나이가 들어서 말이야
이제는 몸이 안 따라와 주니 말이야

세월이 흘렀다 너무 서글퍼 말아요

우리가 지나온 '경험'이라는 멋진 길이 있잖아요
무엇과도 바꿀 수 없는 그 길을 걸어왔잖아요

나이가 들었다 너무 서글퍼 말아요

각자의 나이마다 보이는 것, 들리는 것이 있어요
우리에게 또 다른 인생길이 펼쳐질 거예요

그러니 너무 서글퍼 말아요
우리의 인생은 늘 찬란하고 빛날 테니까요

제주 할망의 창고

낯선 할망의 오래된 창고

낡고 허름한 공간 속에서
온갖 감정들이 휘몰아쳤다

주인 할망의 손때가 고스란히 묻은
그 할망의 손길로 가득 이루어진
멋진 그림들이 수놓아져 있었다

그곳은 낡고 오래된 창고가 아닌
긴 세월 동안의 추억이 녹아있는

어느 제주 할망의 영원한 삶,
귀한 인생이 담겨 있는 예술 창고였던 것이다

나는 이 세상 가장 멋진 미술관
제주 조천읍 선흘 마을에 다녀왔습니다

아무것도

아무것도 볼 수 없다
고운 그대 얼굴마저도

아무것도 들을 수 없다
고운 그대 목소리마저도

아무것도 말할 수 없다

고운 그대에게 더 이상
그 고운 말들을 전하는 것조차도

그대여, 무엇도 할 수 없게 된 나는
오롯이 남아있는 마음 한편으로

그대 얼굴을 그리며
그대 목소리를 기억하며
그대에게 고맙고 사랑한다

몇 번이고 속으로 되뇝니다 영원토록이요

이별하는 법을 몰랐다

시간을 돌릴 수 있다면
나는 아빠와 이별하던
마지막 순간으로 돌아가고 싶다

그때 난 너무 어렸다
그래서 이별하는 법을 몰랐다

'아빠 괜찮아 걱정 마
우리는 잘 지낼 테니
아빠 더 이상은 아프지 말고
그곳에서는 부디 행복해야 해'

따스한 아빠 품에 안겨
씩씩하게 말해주고 싶다

그렇게 그때로 돌아가
아빠를 꼭 다시 한번 만나고 싶다

정말 시간을 다시 돌릴 수만 있다면

톡 톡 톡

나뭇잎 위로 빗방울이
톡 톡 톡

아침 인사를 건넨다
밤새 무탈하였는가

밤새 단꿈은 꾸었는가
톡 톡 톡

오늘도 힘내시게
오늘도 행운을 비네
톡 톡 톡

대중목욕탕

오랜만에 찾은 이곳
뜨끈뜨끈 온탕에 몸을 담그니
지릿지릿 하루 종일 고단했던
몸과 마음이 녹아내리는 것만 같다

탕 안에서 마주한 옛 추억

나는 엄마 등을 밀어주었다
엄마는 할매의 등을 밀어주고
또다시 할매는 손녀의 등을
보드랍게 밀어주곤 했다

목욕탕에서 삼대가
나란히 줄지어 앉은 모양이
칙칙폭폭 꼭 기차 같았다

목욕을 끝낸 뒤
삼대가 나란히 이번에는
바나나맛 단지 우유에 빨대를 꽂았다

묵은때를 벗긴 후 마시는 바나나우유는
우리에게 기분 좋은 나른함을 선사했다

늘 그렇게 주말이면
목욕 바구니를 들고 즐겁게 집을 나섰다

요즘도 가끔씩 엄마와 목욕탕을 갈 때면
삼대 기차가 많이 그리워진다
떠나버린 할매가 많이 그립고 보고 싶다

할매, 천국의 목욕탕은 어때 좋습니까?

별거 없는 하루

나의 하루는 별거 없어요

커피 한 모금에
평범한 일상이 조금 더 행복해지고

꽃 한 송이에
평범한 일상이 조금 더 특별해져요

각자 나만의 방법으로
평범한 일상 속의 기쁨을 찾아보아요

별거 없는 하루지만
나만의 소소한 행복으로 오늘을 가득 채워보아요

아기 천사

까까머리에
앞니만 두 개 뽕

그래도 예쁘다

생글생글 웃다가
응애응애 울어도

그래도 예쁘다

밥을 잘 먹어도 예뻐
잠을 잘 자도 예뻐

안 예쁠 틈이 없다
아가야, 늘 예쁘기만 하거라

오일장

쑥이며 냉이며
아지랑이 사이로 듬성듬성

오늘은 오일장이 서는 날
이른 아침부터 마을버스는
동네 구석구석 돌며 할매들을 태운다
거참 부지런하기도 하지

이 집, 저 집 할매들 모여 장에 가는 길
버스 한가득 마을 꽃소녀들을 태우니
웃음꽃이 절로 넘쳐나는 네모난 마을버스

버스가 행복 예식장 앞에 멈춰 섰다
보자기 둘러멘 할매, 장바구니 끄는 할매
삼삼오오 모였다 다시 뿔뿔이 흩어졌다

이 집 할매는 마당에서 담근 시금장 팔러
저 집 할매는 밭에서 갓 뜯어온 상추 팔러
저쪽 집 할매는 집에서 쒀온 도토리묵도 팔러 나왔지

또 끝 쪽 마을 할매들은 영감들 반찬 해주려
싱싱한 고등어 한 마리도 사고,

큼직한 토종닭 한 마리도 사러 나왔지

몸뻬 주머니 안
꼬깃꼬깃 쌈짓돈 꺼내 이것저것 사는 재미에
할매들의 시간이 잘도 흘러간다

째깍째깍 해가 머리 위 가득 비출 때
다시 버스 정류장 앞 삼삼오오 모인다
마을버스에 올라탄 소녀들의 이야기꽃이
다시 활짝 피어난다

"자네는 오늘 뭐 팔고 왔노"
"아지매 뭐 마이 사셨는가"
"오늘 아재 몸보신하시겠네"

덜컹덜컹, 마을로 돌아가는 파란 버스 안
소녀들의 봄날의 나들이가 꽤 풍성해졌다

"아지매 잘 가이소 내 내립니데이"
"오야 잘 가래이 또 보자"

할매들의 웃음과 따스한 안부로

마을 어귀, 버스는 서서히 속도를 줄입니다
그렇게 오늘 하루도 서서히 저물어갑니다

상상(想像)

헛된 상상이라고들 하지만
어떤 이에게 상상이라 함은
먼 미래 행복을 짐작게 하는
가장 멋진 스케치이다

내가 써 내려가고 그려가는 이 스케치가
먼발치 나에게 어떻게 다가올는지는
과연 아무도 모를 것이다

오늘도 난 그렇게 행복한 상상을 한다

글 그리고 길

어느 날 문득 써 내려간 글이 나를 살렸다

지쳐가던 나의 마음에
우울하던 나의 하루에
토닥토닥 작은 위로가 되어주었다

글은 나에게 '길'이었다

내가 이상하다 싶었다
좌절감과 답답한 마음이 나를 덮쳤다
무엇도 나를 일으켜 세울 수 없었다

넘어진 김에 잠시 쉬어가기로 했다
먹구름은 곧 지나가리라 되뇌며

쉬어가는 길에 글을 썼다
갑작스레 만난 그 길이 나를 살렸다

그리움으로 시작해
따뜻하고 행복한 이야기를 안고 걷다 보니
내가 가는 길, 금세 먹구름이 지나고 해가 떴다

글은 다시금 나를 찾는 '지름길'이었으며
내 삶을 끊임없이 행복하게 이어주는 '인생길'이다

친구 매화에게,

잎도 틔우기 전에
꽃부터 앞세워 피워내는 자네는
참말로 성질 급한 친구

겨울이 끝나기도 전에
홀로 피어 그윽한 향기까지 뿜내는
기품 있는 친구

성질이 왜 그리도 급한지

봄을 기다리다 못해
차가운 눈 속에서도 꽃을 피우는 친구
그런 자네를 '설중매'라고도 부른다 하지

그중에도 붉은색을 띠는 네가 참 좋더라 나는

매화야, 매화야, 홍매화야
네가 피었으니 곧 봄이겠구나

너로 인하여 봄이 완연해졌다 고맙다

만원 버스

가을도 서서히 저물어갑니다

오늘도 퇴근길 만원 버스는
하루의 모든 고단함을 싣고 달립니다

창가에 기대어 꾸벅꾸벅 단잠을 청하는 이
라디오 사연에 괜스레 웃음이 새어 나오는 이
전화기 너머로 따스히 안부를 전하는 이

저마다의 방법으로 하루를 끝맺는 중입니다

당신의 오늘 하루는 어땠나요
오늘도 수고하셨습니다

우리 내일 또 만나요

오늘도 안녕

위이잉 위이잉
도로 위 앰뷸런스가 경적을 울리며 달려온다

비상등과 함께 갓길로 비켜주었다
그리고 온 마음을 담아 나지막이 입을 떼었다

부디 기적이 있기를
많은 이들의 삶이 무탈하기를

오늘도 모두의 안녕을 간절히 바라며
퇴근 후 집으로 무사귀환, 안녕!

흐르고 흐르다 보면

눈물이 많은 것은
가슴 깊이 슬픔으로 가득 차 있어서일까

눈물이 많은 것은
가슴 깊이 그리워하는 이들이 많아서일까

참고 또 참고 싶은 눈물이지만,
시간이 흐를 만큼 흘러야 괜찮아지는 것처럼
눈물도 흐를 만큼 흘러야 괜찮아지지 않을까

시간이 흐르고
눈물도 흐르다 보면 차츰 괜찮아질 것이다

아픈 만큼, 슬픈 만큼 맘껏 울어도 괜찮다
흐르고 흐르다 보면 분명 괜찮아질 것이다

,(쉼) 그리고

짧고도 긴 휴식을 마치고
다시 돌아왔을 때쯤엔 한결 가벼울 줄 알았다

온전한 휴식이 아니었나 보다

내심 마음 한편엔 사소하지만
무수한 걱정들이 잠재되어 있었나 보다

분명 잠깐 쉼, 쉬어가는 것이 중요했는데 말이다
나는 모든 것을 내려 두려 하지 않았나 보다

비우는 것과 채우는 것,
둘 중 어느 것도 중요치 않은 것이 없다

비우면 채워야 하고 채웠으면 또 비워야만
물레방아 돌아가듯 빙글빙글 잘 굴러간다

쉬어가는 시간 속에서도
나는 어떤 것들을 채우고 싶은
끝없는 갈증이 있었던 모양이다

더는 쉬지 않고 다시 달려보기로 했다

그러다 또 힘에 부칠 때 잠시 멈추어 볼 것이다

모든 것에는 때가 있으며, 적당한 그때에 맞게끔
잘 움직이고 잘 멈추어, 부디 지치지 않도록
차근차근 나아가 볼 것이다

쉼 속에서도, 부지런해 볼 참이다
부지런함 속에서 때맞게 채우는 것과 비우는 것에
능통하고 익숙해져 볼 참이다

꼭 그럴 참이다, 조금씩 그리고 천천히

삶의 문

게 누구 없는가
대문 밖에 손님이 찾아왔다

함이오 함이오
대문 밖에 새로운 식구가 기다린다

아부지 어무니
대문 밖에 내 자식들이 나를 부른다

할아버지 할머니
대문 밖에 귀하디귀한 소리가 들린다

아이고 아이고
대문 안팎으로 사람들이 구슬피 운다

고생이 많았다
내 식구들과 나의 터를 지켜주던 크디큰 문

나는 떠나리
저어 높이 더 큰 문이 나를 기다리네

고생이 많았다

나는 이제 이 문턱을 넘으리
이 세상 후회 없이 나는 떠나리

좋은 걸 어떡해

왜 이리 좋은 걸까

꽃이며 나무며
하물며 작은 이파리조차도

푸릇푸릇 너희를 보고 있으면
내 마음이 좋아진다 내 마음이 편해진다

매일매일 함께하고 싶다
한참을 보고 또 보아도 참 좋다

더 많이 볼수록 더 좋아진다

어제보다 오늘

무슨 생각이 그리 많아
잠을 못 이루나요

그 머릿속에 그 마음속에
날 너무 가두지 마세요

무수한 생각에 잠 못 이루더라도
또다시 아침이 찾아오면 해가 뜨지요

이미 지나간 어제에, 지나온 날들에
날 너무 가두지 마세요

나에게는 또 다른 오늘이
매일매일 찾아올 거예요

그러니 이미 지난날들에 대해
너무 힘겨워하지 말아요 우리

어제보다 오늘, 오늘보다 또 내일
분명 더 좋은 날들이 찾아올 테니까요

역주행

음원차트 역주행은
그 시대를 역주행하는 것과 같다

다시금 그 시대로 돌아가

그때의 사랑을 떠올리며
그때의 너와 나를 마주하고
그때의 우리를 기억하며
그대와의 추억을 회상한다

내가 사랑했던 그 시절
이제는 그저 웃을 수 있는 그 시절

그때의 음악을 들으며 그날들을 돌이켜본다

마법의 힘

내게 초능력은 아니지만
마법의 능력이 한순간 나타나기도 한다

어떠한 찰나에
상황이며 상대가 읽힐 때가 있다

이것을 나는 직관의 힘이라 부르려 한다

그 힘이 늘 옳다 할 순 없지만
그 힘이 나에게 잘 깃들여지길,

더 섬세하게 조금 더 깊이 있게
세상과 사람을 잘 바라볼 수 있길,

내면의 힘을 잘 가꾸어야겠다
직관의 힘은 강한 내면의 힘이기도 하며

직관의 힘은 결정적인 순간에 발휘되는
마법의 힘이다

세월이 약이겠지요

시골의 밤은 일찍 찾아온다
일일 연속극이 끝나면
할매와 할부지가 계시는 안방 불은 꺼지고
텔레비전 화면만이 방 안을 비춘다

그 밤, KBS 가요무대가 시작되었나 보다
정겨운 옛 노래들이 흘러나온다
그것도 할매가 좋아하는 현철의 노래가
안방에서 크게 들린다
"아미새 아미새 아미새가 나를 울린다"

방문을 빼꼼 열어보니
텔레비전에는 현철 아저씨가 노래를 부르고
할부지는 드르렁 드르렁, 할매는 쌔근쌔근

텔레비전 리모컨을 찾아
조심스레 전원 버튼을 눌렀다
어두컴컴 암흑이 찾아오자마자
할매의 목소리가 되찾아온다
"와 끄노 안 잔다 다시 틀어라"
분명 입 벌리고 자던 할매였는데
안 잔다며 다시 꾸벅꾸벅 손뼉을 치는 우리 할매

이 밤, 오늘도 역시나 가요무대 하는 날
오랜만에 송대관 아저씨가 나왔다
'세월이 약이겠지요'라는 노래를 부른다
전원 버튼을 눌렀다 텔레비전이 꺼졌다
사방이 조용해졌다 한없이 조용하다
할부지의 코 고는 소리, 할매의 숨소리
때마침 들려와야 할 할매의 목소리마저도
모두 사라지고 공허한 공기만이 이 밤을 감싼다

할부지, 할매가 없는 날들
여전히 보고 싶고 많이도 그리운 순간들
송대관 아저씨가 부르던 노래가 스친다
'세월이 약이겠지요'
아, 세월이 지나면 그리움이 차츰 무뎌질까요
세월이 흐르고 흐르고 나면요
한없이 사무치는 이 마음이 조금 나아질까요

아직도 깊고 깊은 그리움에
눈물이 툭툭 흘러내리는 깊은 이 밤이네요

행복을 그립니다

큰 캔버스 한 폭에
오늘은 어떤 이야기를 담아볼까요

고심 끝에 오늘도 난 행복을 그리기로 했어요
행복보다 더 소중한 것은 없으니까요

붓으로 행복을 채우는
이 순간조차도 나는 무수히 행복해요

오늘도 꼭 행복하세요

살아간다는 건 살다가 가는 것

삶의 무게에 짓눌리곤 할 때
물음표가 나를 지배한다

난 지금 잘하고 있는 걸까?
내가 잘할 수 있을까?
어떻게 하면 잘 살 수 있을까?

많은 물음을 스스로에게 건넨다
묻는다는 건 내가 고민하고 있다는 것
고민한다는 건 내가 생각을 한다는 것
생각을 한다는 건 내가 살아간다는 것

살아간다는 건 살다가 가는 것,

인생은 그냥 사는 것이다
살아있다는 건 좋은 것이며

그저 살아있음에 행복하고
또한 살아갈 날이 있음에 감사하는 것

그것만으로도
내 삶은 모자람 없이 넉넉하지 않을까?

핑크색 운동화

신발장 깊숙이 넣어둔
핑크색 운동화가 신고 싶어졌다

케케묵은 먼지를 털어내니
금세 화사한 색을 드러냈다

매일 매서운 추위에
털 신발로 겨울을 보내던 내가
핑크 운동화를 찾는 걸 보니

다시금 돌아오려나 보다

내 신발장 속으로
봄이 가장 먼저 찾아오나 보다

서울살이

서울 상경하던 날
발걸음이 참 무겁던 날

가족들이 있는 내 고향을 떠나
서울로 올라가는 날

다들 살기 좋은 서울이라지만
나는 내 고향이 제일 좋더라

서울 서울 서울
낯선 곳에 온통 낯선 말투들

낯섦 속에 정겨운 소리가 저만치 들려온다
고향 사람인가요 반갑기도 하구려

그 반가움도 잠시
내 고향이 더 그리워지더라

서울 서울 서울
이제는 추억으로 남겨진 그곳

역시 나는 내 고향이 제일 좋더라

미술 수업

토요일 미술 선상님 오는 날
아침밥 한술 퍼뜩 뜨고
유모차 끌고 경로당으로 간다

동네 이장도 와있고
봉동댁도 벌시로 와있고
마침 부녀회장도 오는 참이다

오늘은 저 백지장에 또 뭐를 그려볼꼬
요놈의 손은 날이 갈수록 떨려가 못 살겠다

구십 넘어 그림 그리려니
제대로 움직이는 게 하나도 없다

그래도 토요일이 자꾸만 기다려진다

야속한 세월

젊은 날엔 괜찮은 줄로만 알았다
젊은 날엔 그저 다 괜찮을 줄 알았다

내 몸뚱이가 그야말로 최고의 일꾼이었다

고거 하나만 믿고 평생을 열심히 살았다
고놈이 버겁다 한들 대수롭지 않았던 날들이었다

내가 너무 무심하였는가 내가 너무 악착같았던가
세월이 흐르니 믿었던 고놈이 당최 말을 안 듣는다

낡아빠질 대로 망가진 이 한 몸이
이제는 도통 말을 듣지 않으니
서글퍼 서글퍼 눈물이 하염없이 흐른다

그래도 괜찮다

오늘도 성큼성큼 오른다
숨이 턱까지 차오른다

그래도 괜찮다

터벅터벅 걸음이 느려진다
금세 땀방울이 송골송골 맺힌다

그래도 괜찮다

그리움이 차오르는 날엔
저 하늘에 내 마음이 닿기라도 할까
그리움을 안고 발걸음을 움직인다

산 꼭짓점 그리고 하늘의 시작점
보고 싶다 보고 싶다 수없이 되뇌어 본다
눈물이 수없이 가득 차오른다

그래도 괜찮다, 나는 괜찮다
고스란히 내 맘을 담아 하늘 높이 전한다

괜찮다 괜찮다 그러니 부디 안녕히

해녀 어멍

휘이 휘이
바다 내음이 가득한 제주

휘이 휘이
테왁망시리 둘러메고 풍덩

해녀 어멍들의 고운 웃음소리가
바다 저 끝까지 울려 퍼져요

오늘도 딱 그만큼만
더도 말고 덜도 말고
딱 그만큼만, 내 숨만큼만

해녀 어멍들의 딱 그만큼은
탐스러운 것을 뒤로하고
욕심 한번 부리지 않는
삶의 지혜를 품고 있어요

오늘도 어멍들은 삶의 터전으로 향해요
여기는 오늘도 멘도롱한 제주 앞바다입니다

더할 나위 없는 하루

가끔씩 그림을 그린다

내 그림 속
특유의 포근한 색감은
나의 현재 내면의 색을 말해준다

큰 울림들은 조금씩 사라져
아주 포근하고 평안한 요즘을 보내는 중이다

지극히 평범한 보통날,
걱정과 탈이 없는 그런 하루가 늘 고맙다

말 한마디

당신의 고운 말 한마디에
누군가의 하루는 온종일 꽃길이 될 테고

당신의 가시 같은 말 한마디에
누군가의 하루는 온종일 가시밭길이 되고 만다

서로가 서로에게
매일 꽃처럼 고운 사람이 되어주면 좋지 않을까

말 한마디에 그 사람의 향기가 느껴진다

아빠의 옷장

한동안은 열 수 없었다
너무 그리울까 봐 너무 슬플까 봐

솔직히 겁이 났다
사무친 마음이 펑 하고 터질까 봐

아빠의 흔적들이
아직 가득한, 여전히 남아있는

아빠의 옷장을 오늘에서야 열었다

아빠의 외투를 걸치고 거울을 보았다
아빠의 온기가 내 온몸을 감싸안았다

하염없이 눈물이 흐르고 또 흘렀다

마치 아빠 품속에 안긴 것만 같았다
다시 아빠가 곁에 있는 것만 같았다

조금 더 일찍 열어볼걸
조금 더 빨리 마주할걸

오늘도 난 아빠를 떠올리며
따스한 아빠의 옷장을 열어본다

심(心)심(心)풀이

心 + 心 = 함께할 수 있는 힘
心 × 心 = 함께 더불어 사는 힘

이처럼

마음과 마음이 더해진다면
이 세상 가장 큰 힘이 생긴다

마음과 마음이 합쳐져 배가 된다면
모든 이들이 행복해지는 따뜻한 세상을 만들 수 있다

¶ 마음과 마음이 맞닿으면 위대한 에너지가 생기기도 한다.

소나무 1

소나무는 아프면 아프다 말한다
솔방울이 주렁주렁 달려있다는 것은
나 지금 많이 아파요라는 소리 없는 외침

한 그루의 나무도 저리 표현을 하는데
난 누굴 위해 말 한마디 하지 못하고
꾹꾹 속으로만 참고 삼켰던 것인가

내 어리석은 인내가 결국 나를 병들게 했다
나를 지치게 만들어 끝내 곪아 터지게 했다

저 푸른 소나무가 나보다도 낫다
저 곧게 뻗은 소나무가 참 대견하다

소나무야, 더 푸르러라

열 번째 봄

유난히 추웠던 그해 겨울
얼어버린 손들을 맞잡고 함께 눈물을 흘리며
작은 촛불을 바라보았죠
수백의 노란 별들이 일렁이었어요
마음 한쪽이 아려왔지요

봄꽃 흐드러지던 날
아주 긴 여행을 떠난 아이들이 자꾸만 생각나서
그렇게 허망하게 보낸 것이 너무 미안해서,
너무 아파서, 우리 모두 오래 울었습니다

가라앉은 건 한 척의 배뿐이었고
차오른 건 차가운 바닷물뿐,
한 척의 배 안에는 별이 되기엔 아직 이른
맑고 푸른 봄이 있었죠

그간 10년이라는 세월이 지났지만
여전히 가슴에 품어봅니다
그리고 기억하고 또 기억하겠습니다

이윽고 열 번째 봄이 지나고
또다시 새로운 봄이 돌아온대도

나는 그대들을 결코 잊지 않겠습니다

지치지 않고 끝까지 함께하겠습니다

고통은 두려움이 아니야

성장하는 것은
아름다운 과정이지만
그 속에 고통은 늘 존재한다

그 고통을 감내해야만
비로소 더 나은 날이 펼쳐진다

고통은 내게 정말 고통을 준다기보다는
세상을 잘 헤쳐 나갈 수 있게끔 이끌어 주는
내 삶의 채찍질이 아닐까

채찍질이 있기에 나는 더 나아간다
고통을 극복하기에 나는 무엇이든 할 수 있다

성장하는 것은 두려운 일이 아니라
내가 보다 나은 사람이 되어 가는 멋진 과정이다

빼꼼, 빼꼼

겨우내 잠만 자던
땅속 친구들이 하나둘
고개를 빼꼼 내민다

여기저기 빼꼼, 빼꼼
너무 귀여운 나머지
하마터면 웃음이 새어 나올 뻔했다

봄은 이처럼 귀엽고 사랑스러운 계절

나 혼자

혼자가 너무 편해져버린 나
뭐든 혼자가 익숙해진 나

혼자여도 괜찮다
온전히 나만 생각해도 괜찮다

마침내 혼자만의 행복을 깨닫고 말았다

감사합니다

감사합니다
사람과 사람 사이의 가장 따뜻한 인사

감사합니다
상대방에 대한 배려와 존중이라는
밑바탕이 있기에 더욱이 의미 있는 말

오늘도 스쳐 지나간 모든 그대들에게
나의 깊은 마음을 전합니다

감사합니다
덕분에 무탈하였습니다, 정말 고맙습니다

비 내리는 월요일

추적추적 내리는 봄비에
하교하는 아이들의 모습이 분주해 보였다
오늘이 월요일인 것도 싫은데
비가 온종일 내내 내리다니,
월요병이 제대로 올 것만 같은 하루였다

시끌벅적 소리에 교문 앞을 바라보니
친구와 알록달록 우산을 함께 나눠 쓰고
재잘재잘 이야기에 푹 빠진 그대들,
책가방을 머리 위로 높이 들고는
마구마구 뛰어가는 그대들,
우산을 손에 쥐고 있어도
일부러 비를 맞으며 가는 그대들,
집으로 가는 모습은 모두 제각각이지만
그들의 표정은 너무나도 즐거워 보였다
나에게 오늘 하루는 비 내리는 월요일
월요병이 가득한 날이었는데
저리도 행복해하는 모습들을 보니
나의 오늘 하루는 내가 내 기분으로
만들어버렸구나 싶어져 괜스레 창피해졌다

오늘은 짜증 나게 비 내리는 날이 아닌

겨울 동안 굳어있던 땅에게,
천천히 고개를 내미는 새싹에게,
공부하느라 고단했을 그대들에게,
조금이나마 위로가 되어준 빗줄기였다

토닥토닥, 만물을 촉촉이 적셔주는
참으로 귀여운 봄비였던 것이다

나의 사람들에게

긍정의 바람을 불어줄 거예요
기쁨의 꽃잎을 흩날려줄 거예요
행복의 씨앗을 가득 심어줄 거예요

오늘도 사랑의 인사를 전해요, 나의 사람들에게

겨울 바다

여름 바다는
하하 호호 피서객들의 웃음소리
들썩들썩 신이 나 마구 꿈틀대는 파도
언제나 활기차고 명랑하다

겨울 바다는
끼룩끼룩 갈매기 울음소리
철썩철썩 파도 소리만이 귓가에 맴돈다
왠지 모를 쓸쓸함에 고독이 서린다

인간관계도 물론,
많은 이들과 함께할 땐 꽤 즐겁고 유쾌하다

그러나 나 홀로 시간을 보낼 땐
적막함과 외로움이 꼭 뒤따르기도 한다

하지만 나는 쓸쓸한 겨울 바다의 나 홀로 섬
그 외로움과 고독을 즐기기도 한다

오롯이 나만을 위한 그 시간이
무엇보다 중요하다는 걸 깨달았기 때문이다

엄마의 사모곡

엄마는 하염없이 흐르는 눈물을
몇 번이고 닦고 또 닦아내었다

엄마도 엄마가 보고 싶은가 보다
엄마도 엄마라 부르고 싶은가 보다
엄마도 엄마의 품이 그리운가 보다

'부디 좋은 곳에서 다시 영감 만나 행복하시기를'
오늘도 엄마는 당신의 엄마께 안부를 전했다

엄마의 마음이 저 먼 곳까지 무사히 닿기를 바라며

돌멩이

매 순간 이기적이지 않게끔
매 순간 배려하는 마음을 담아
매 순간 따뜻한 시선으로

조금 더 유연해졌으면 좋겠다
내 삶이 저 조그만 돌멩이 같기를

매 순간 모나지 않고 둥글게

12월

나는 12월이 참 좋다

거리 곳곳에 울려 퍼지는 크리스마스캐럴
반짝반짝 예쁘게 빛나는 크리스마스트리
어린아이만큼이나 너무 행복하다

나는 12월이 참 좋다

차디찬 겨울, 손과 발은 시리지만
사람과 사람 사이, 마음의 온도가 높아지는
유난히 따뜻하고 행복한 계절이다

12월은 참 행복하고 따뜻한 계절이다

쉼

쉬어가세요
거닐고 또 거니느라
고단했을 그대 편히 쉬어가세요

잠시 걸음을 멈추어
하늘을 한번 보세요

구름이며 햇살이며
살랑살랑 춤추는 바람까지도
모두 당신 곁에 있답니다

그러니 무수한 걱정은 뒤로하고
곁에 있는 것들을 느껴보세요

당신의 쉼이 당신을 더 빛나게 해줄 거예요

나를 사랑하는 일

나를 사랑해 주는 것만큼
예쁜 사랑은 없다

그 누구보다
나 자신을 사랑하는 것

진정한 사랑을 할 수 있는
가장 첫 번째 단계

제철 인생

꽃이 예쁘다는 것은
나이가 익어가는 것

가는 세월 어찌 막겠느냐
세월은 어차피 흘러가는 것을

세월이 흐르다 보면
나 또한 무르익을 것이다

무르익음은 제철과도 같은 것,

인생에도 제철이 있다
알맞은 시절이 늘 있는 법

열심히 살아온 지난날들이 있다면
이제는 수확의 기쁨을 누릴 차례

당신의 인생은 바로 지금이 제철입니다

태양의 꽃

나는 해바라기 꽃을 가장 좋아한다

어릴 적 아빠가 심어놓은 샛노란 꽃이
마당 한편에 우두커니 피어났다

키도 어찌나 큰지
목을 뒤로 젖혀 쳐다볼 만큼이었다

아빠는 해바라기 꽃이 피면
아빠 넓은 어깨 위로 목마를 태워주곤 했다

가까이서 해바라기를 마주하니
더없이 예쁘고 또 예뻤다
동그란 노란 꽃이 마치 태양 같았다

해바라기 꽃은 햇살을 가득 받으며
더욱 활짝 피어났다

아빠는 늘 나에게 태양과 햇살 같은 존재였다
아빠와 함께일 때면 언제나 웃음꽃이 피어났다

해바라기의 꽃말은

"당신만을 바라보고 사랑합니다"라고 한다

아빠와 긴 이별을 했고
나의 태양, 나의 햇살은 정말 하늘 위로 떠올랐다
나는 여전히 늘 아빠를 바라보며 아빠를 사랑한다

뜨겁고 무더운 여름이 찾아오면
저 활짝 핀 해바라기 꽃을 바라보면
비록 그리운 아빠이지만 슬픔은 사라지고
저 노오란 꽃을 보니 행복이 사르르 밀려온다

나는 평생 아빠 바라기인가 보다

뒷집

우리 집 뒷집에는
감나무 할매, 봉고 할매 집이 있다
감나무 할매는 소를 키우고
집에 커다란 감나무가 있었다
봉고 할매는 시장에 채소를 팔러 다니며
집에 회색 봉고차가 한 대 있었다

감나무 할매, 봉고 할매는 우리 할매의 친구들이다

매해 제사를 지낸 후엔 꼭 서로 제사 음식을
큰 소쿠리 한가득 정성스레 담아
서로의 담벼락 위에 올려놓고는 소리를 지른다
"감나무 집! 봉고 집! 사람 있나?"
그러면 각자 담벼락에서 음식을 가져가시곤 한다
그러고는 다음 날이면 빈 소쿠리에
감나무 할매는 홍시를, 봉고 할매는 정구지를
또 우리 집 담 위에 두고 소리치신다
"영양댁 있나! 이거 갖고 가가 무래이"
할매들은 그렇게 물물교환을 잘도 하셨다

곱디고운 새색시들이 영감들 때문에
시집온 날부터 지금껏 참 고생을 많이도 하셨다

어쩌면 젊은 날부터 함께해 온 당신들의 이웃,
친구들이 곁에 있었기에 그 세월을 또 사셨나 보다

영원할 줄만 알았던 세 할매들의 날들이 끝내 저물었다
감나무 할매를 뒤로 우리 할매, 봉고 할매,
저 멀리 볕 좋은 곳으로 다 같이 소풍을 떠나셨다
그 먼 데까지 가셨는데 시원한 그늘 밑에 자리 펼쳐
맛난 음식 잡숫고, 좋아하는 노래도 부르고,
십 원짜리 화투도 치고, 먼저 떠난 미운 영감들도
다시 만나 사이좋게 잘 지내보시오 할매들

나는 삼총사 할매들의 정겨운 나날들이
그곳에서도 변함없이 이어지기를 바라요
나는 꽃바람 같았던 당신들의 일생을 추억하고
기억하며, 늘 평안하시기를 바라고 또 바랍니다

웃음꽃

세상에서 제일 예쁜 꽃은
'웃음꽃'이에요

웃음꽃이 만발할 때에는
마음까지 포근해진답니다

웃는다는 건 참 기분 좋은 일이에요
웃는다는 건 행복한 일이기도 하고요

웃을 때 참 예뻐요
웃으면 복이 온댔어요

그러니 안 웃을 이유가 어디 있겠어요

우리, 오늘도 그렇게 웃어보아요
하하 호호 웃음꽃이 활짝 피었습니다

봄이 왔어요

겨울 추위도 굳건히 견뎌내는
나는야 초록 이파리

차디찬 땅바닥에도 납작하게 잘 붙어있는
나는야 초록 이파리

나를 자세히 들여다보면
속은 아주아주 샛노랗지요
봄꽃처럼 참으로 곱지 않나요

씩씩하게 찬 겨울을 보내고
가장 먼저 봄을 알려주는
나는야 초록 이파리

따뜻한 봄을 좋아하는
내 이름은 '봄동'입니다

우리는 화가입니다

토요일은 동네 할매들 미술 공부 하는 날
아침 댓바람부터 하던 일도 제쳐두고

삼삼오오 마을회관으로 모이는 날

점선 할매는 마당서 정구지 다듬다 오고
화자 할매는 하던 밭일 던져놓고 오고
기교 할매는 서울서 온 자슥들 다 제쳐두고 왔다

아흔의 나이에도 불구하고
할매들 모두가 그림 그리는 것에 열심이다

"이래 맨날 그림 기리니 우리가 화가네"

그럼요, 할매들은 화가이자
진정한 예술가입니다

거울 속 위로

여태 살아오며
거울 들여다볼 여가가 없었다

오늘에서야 거울 속
내 얼굴을 찬찬히 보았다

아이고야 쭈글쭈글 할마시 다 됐네
아이고야 마이도 늙어버렸다

허나 지금껏 열심히도 살았다

'이 사람아 고생 많았다 잘 참고 잘 살았다'
거울 속 내게 위로를 전했다
한결 마음이 편해졌다

백지

행복했던 기억들은
기분 좋은 선명함으로 그려져요

2025라는 백지에도
선명한 추억들로 가득 채워나가시길

기분 좋은 한 해가 되시길 바랄게요

소나무 2

잔잔한 바람이 넘실댄다

나뭇결을 따라가니
소나무 하나하나의 흔들림이 참 섬세하다

잔잔한 바람이 또 넘실댄다

나뭇결을 따라 올려다보니
소나무의 흔들림이 더욱 견고하다

푸르른 소나무, 참으로 장대하다

더욱 굳고 단단해지길, 더욱 씩씩하게 커지길
나의 심지가 저 푸른 소나무만 같기를

얄미운 여름

뙤약볕 아래
창가 너머로 빨간 장미가
고개를 빼꼼 내민다

아빠랑 나랑 둘이서 만든 꽃밭
하하 호호 둘이서 만든 추억

아빠는 추억을 남기고 떠났다

매해 여름 장미꽃이 날 찾아온다
아빠와의 추억도 늘 찾아온다

정작 아빠는 찾아오지 않는다
아니 이제는 올 수가 없다

뾰족한 장미 가시가 내 마음을 찌르는 듯하다
아프다 서럽다 슬프다 보고 싶다 많이 보고 싶다

빨간 장미가 왠지 모르게 얄미운,
아빠가 참 그리운 뜨거운 여름날이다

푸바오에게

사랑하는 푸바오
너를 만난 건 기적이었어

푸바오가 떠나는 날
하늘에서는 봄비가 내렸어

땅에 핀 새싹도
예쁘게 흩날리는 벚꽃잎도
살금살금 지나가는 달팽이도

봄비가 뚝뚝, 그러다 눈물이 뚝뚝

모두가 봄비를 핑계 삼아
뜨거운 눈물을 흘렸단다
4월의 봄날, 그렇게 우리는 이별을 했어

푸바오가 늘 행복했으면 좋겠어
언제 어디서든 우리는 푸바오를 응원해
귀여운 아기 판다, 아기 공주야
다시 만나는 그날까지 건강하고 행복해

푸바오 안녕, 고마워, 사랑해

울 엄마

평생 고생하신 울 엄마
동네 이웃들과 단풍놀이 가던 날
눈물이 맺히던 날
울 엄마 인생 새로이 시작하기를
곱디고운 잎들아 힘껏 흩날려
울 엄마 이제껏 인생 위로하고
앞으로 살아갈 날 힘내시길
더욱이 훨훨 날거라

한 마리의 나비처럼

준비가 되었다면
날개를 펼쳐보세요

조금은 두렵고 겁이 날지라도
괜찮아요 한 발짝 내디뎌보아요

지금 내딛는 걸음이
당신을 더 멋진 곳으로 데려다줄 거예요
꿈꿔왔던 순간들이 눈앞에 펼쳐질 거예요

훨훨 날아보아요, 한 마리의 나비처럼
사랑스러운 그대, 이제 꽃길만 걷기를 바라요

생일

나에게 생일은
늘 구름 위를 걷는 기분이다

어른이 된 지금도 나는 내가 태어난 날을
가장 좋아하고 너무나 사랑한다

내가 세상 밖으로 나왔던 날
엄마 아빠에게 셋째 딸이 생기던 날
언니들에게 막냇동생이 생기던 날

이 세상 가장 큰 사랑을 받고 자랐던 나
여전히 크나큰 사랑을 받는 나

아직도 나는 구름 위를 걷는 중이다
사랑을 받은 만큼 사랑을 나눠주는

그런 따뜻한 사람이 되고 싶다

기억을 기록하는 자

여태 지나온 날들이지만
세월이 흐르고 흐르다 보면
기억이 흐릿할 때가 있다

보내온 날들, 흐릿함으로 번지지 않기 위해

때로는 일기장을 펼치기도 하고
때로는 그림 그리며 그날을 떠올리기도 하고
때로는 사진을 보며 그때를 추억하기도 한다

일기, 그림, 사진
이 모두는 기록하는 것, 기억을 기록하는 것

소중함을 잃고 싶지 않기에
조금이나마 더 간직하고 싶기에

난 희미한 그 순간들을 담으려 한다

연탄 이야기

연탄 한 장의 무게는 3.65kg
우리의 따뜻한 마음은 36.5°C

올해도 나는 365장의 연탄을 배달합니다
1년 365일 매일매일 따뜻함이 피어나길 바라면서요

올겨울
이 세상 모든 이들이 외롭지 않기를
이 세상 모든 이들이 늘 행복하기를

모든 순간 따뜻한 기적이 있기를 소망합니다

내 마음 별과 같이

할매의 유일무이했던 18번 곡

글도 모르던 울 할매가 즐겨 부르던 노래
정신도 온전치 못했던 울 할매가 기억하던 노래
온 식구 박수 치며 둘러앉아 부르던 그때 그 노래

첫 소절만 들어도 이제는 눈물이 나는 노래
"산 노을에 두둥실 홀로 가는 저 구름아"

할매는 끝내 우리 곁을 떠나가 버렸다
노랫말처럼 정말이지 할매는
홀로 구름을 타고 가버렸나 보다

할매는 저 하늘 별이 되었지만
내 가슴속 깊숙이 박혀있는 별이 되었다

"저 하늘 별이 되어 영원히 빛나리"

깊은 밤 할매 별이 유난히 반짝인다
할매 할매 우리 할매 오늘도 목청껏 불러본다

¶ 현철 '내 마음 별과 같이' 中

식곤증

눈꺼풀이 얄밉게 무겁다
배 따시고 등 따시니
어째 이리도 잠이 쏟아질까

과연 내가 이 잠과 싸워 이길 수 있을까

아니 나는 지고야 말 것이다
지는 편이 더 나을 것 같다

딱 10분만 눈 감아야지
세상 최고로 달콤한 10분을 보내야지

겨울비

주룩 주룩 주르륵
이틀 내내 떨어지는 겨울비

비야 비야 겨울비야
내 마음조차 적시지는 말거라

나는 너무 춥고 외롭단다

흠뻑 젖어버린 내 몸과 마음
달래줄 이 어디 없을까

할매의 바느질

명절이 다가올 때면
할매는 늘 이불 바느질을 하곤 했지

이불에 오색 비단을 덧대고 덧대어
몇 날 며칠을 바느질에 몰두했다

눈이 어두워 잘 보이지 않을 텐데도
바늘에 실을 몇 번이고 꿰어 매듭을 짓더라

멀리서 오는 자식들
행여나 잠자리 불편치는 않을까
횡횡 우풍에 행여 감기 걸리지는 않을까

명절이 다가올 때면
우리 집 이불은 폭신폭신 새것이 되었다

나는 새것이 된 비단 이불,
밤새 졸며 수놓는 할매의 바느질,
그 모습들을 마주하는 내내 속이 상했다

어느 누가
우리 할매의 마음을 잘 헤아릴 수 있으랴

명절이 다가오니 문득 할매가 보고 싶다
나의 실과 바늘이 참으로도 그리운 밤이다

입보다 귀

입을 많이 여는 것보다
귀를 많이 열어두어라

내가 많은 말을 하는 것보다,
남의 말을 귀담아듣는 것이 더 이롭더라

그 말귀들이 쌓이고 쌓이다 보니
인생살이에 제법 도움이 되더라

큰언니 시집가던 날

어린 마음에 그랬다
언니를 뺏기는 것만 같았다
괜스레 밉고 괜스레 짜증이 나던 날

고운 한복 차림의 엄마가 너무나도 예뻤던 날
엄마의 옆자리가 허전해 많이 속상했던 날
엄마의 눈물방울로 모두 눈물바다가 되었던 날

새하얀 웨딩드레스의 미소 짓는 신부를 보니
왠지 아빠가 더 그립고 참 보고 싶었던 날

아빠의 큰딸이 시집가던 날
눈물이 내내 마르지 않던 날

허나 지금 그날을 돌이켜보니
너도나도 웃음이 마르지 않는
코미디였던 우리 집 1번의 결혼식

마음의 봄

하루가 멀다 하고 찾아오는 추위에
온몸이 시리고 지치지만

다시금 찾아올
따스한 봄날을 생각하니

내 마음속의 땅은
벌써 파릇파릇 새싹이 돋아나고
알록달록 봄날의 꽃들이 가득 피어나요

일찍이 마음의 봄을 만끽하니
내 입가에도 절로 미소가 피어나요

이처럼 힘들고 지친 날들을 지나
분명코 따스한 봄이 되찾아올 거예요

그러니 힘을 내보아요 봄날은 올 테니까요

그리움을 위한 시

자꾸만 짜증이 났어요
자꾸만 눈물이 흘렀어요
내가 왜 그런지는 나도 잘 몰라요

그러다 문득
종이에 한 줄 한 줄 꾹꾹 써 내려갔어요
꽁꽁 숨겨왔던 내 마음을 담아서요

이제서야 난 정답을 찾았어요

짜증 나고 눈물 나는 내 안에는 말이죠
온통 그리움이라는 시린 마음들로
가득 차 있었기 때문이에요

그리움을 달래기 위해 나는 시를 써요
이제 나는 나를 따스히 안아줄 거예요

크리스마스

☆
난
어른이
된 지금도
산타할아버지가
있다 굳게 믿는다
세상 모든 것은 온전히
내 마음에서 비롯된다
올해도 그 마음 덕분에 따뜻하고
행복한 크리스마스가 되었다 메리 크리스마스!

불러봅니다, 불어옵니다

하루도 빠짐없이
무심코 부르던 그 단어

더 이상 소리 내어 부를 이유가 사라졌다

허공에다 부르려다
또 눈물이 앞을 가려버리고 만다

누가 들을세라
속으로 번번이 삼키고 만 그 말
가슴속 구슬피 메아리치던 말

나 홀로 꽁꽁 숨어, 목 놓아 외치던

"아빠! 아빠! 아빠!"
하염없이 그 이름 계속 불러본다

살랑살랑 봄바람에 아빠도 함께 불어오면 좋겠다

나인 것을

오늘 내가 지은 표정은
과연 몇 개나 될까

환호, 슬픔, 속상함, 기쁨 등

분명 얼굴은 하나인데
내 안에 다양한 얼굴들이 새겨져 있다

여러 나를 마주하더라도
의심치 말고 믿어주기로 하자

오롯이 나를 믿고 격려해 주기로 하자
그 역시 나인 것을

비로소

마음의 문을 활짝 열어보세요
비로소 달라 보일 거예요, 바뀔 거예요

모든 것은 내 마음에서부터 시작입니다

딸기

방구석에 앉아
좋아하는 딸기 한입 베어 무니
기분이 몹시나 좋아졌다

내가 좋아하는 저 딸기 하나에
웃음이 마구마구 샘솟는 걸 보니

행복 뭐 별거 없네

오늘도 난 행복하다 딸기야 고맙다

기다려도 좋아

기다려도 좋은 날
너와 함께하면 더 좋은 날

주말은 그런 날

인연(因緣)

이 옷, 저 옷 아무리 걸쳐보아도
어울리지 않을 때가 있듯

사람도 마찬가지
나와 잘 맞는 사람 만나기는 하늘에 별 따기

나에게 잘 어울리는 옷이 있는 것처럼
나와 꼭 맞는 사람도 분명코 있을 테니

그대여 걱정치 말고, 그대 지금 이 순간에 집중하길

돌고 돌아
어느 순간 별처럼 반짝 마주할 것이다

인연은 그렇게 어느 날 문득 찾아오는 것

이별

누구보다 가까이 있었음에도 불구하고
이제 서로 영영 닿지 못하네

남겨진 나에게는
닿지 못하는 애절함만이 남아있네

아, 우리 이별을 했구나

상처

마음에 생채기가 났어요
아무는 시간이 꽤 길어질 것만 같아요

하루빨리 상처가 아물었으면 좋겠어요
어느 순간 새살이 점점 올라올 거예요

그때는 툴툴 털어내고 벌떡 일어설 거예요

내 마음이 그동안 잘 아물었으면 좋겠어요
단단하게, 더욱 단단하게 말이죠

별이 되어

무던히 견뎌내 주어 고마워요
그대 지치지 않길, 그대 가는 길이 매일 빛나길

내가 그 길을 비춰 줄게요
그대 가는 길, 내가 늘 함께할게요

33(삼삶)

불평불만보다
내 삶을 위해 살아보려구요
내가 원하는 인생을 살려구요

생각이 바뀌면 감정이 바뀌고
인생이 바뀌니까요.

변화를 두려워하지 말아요
찰나의 용기가 나를 더 찬란하게 해줄 거예요

서른 하고도 셋,
온전히 나를 위해 응원해요

첫 발걸음이 기분 좋은 설렘으로 가득하길
나의 세상이 온통 반짝 빛이 나길